LIBRO DE POSTRI

DELICIOSAS Y FÁCILES RĔCETAS DE
POSTRES DE LA FREIDORA

(MINI LIBROS DE COCINA DE LA FREIDORA)

La información en las páginas siguientes se considera en general un relato veraz y preciso de los hechos y, como tal, cualquier falta de atención, uso o uso indebido de la información en cuestión por parte del lector hará que las acciones resultantes sean únicamente de su competencia. No hay escenarios en los que el editor o el autor original de este trabajo pueda ser considerado responsable de cualquier dificultad o daño que pueda ocurrirles después de realizar la información aquí descrita. Además, la información de las siguientes páginas está destinada únicamente a fines informativos y, por lo tanto, debe considerarse universal. Como corresponde a su naturaleza, se presenta sin garantía en cuanto a su validez prolongada o calidad provisional. Las marcas comerciales que se mencionan se realizan sin consentimiento por escrito y de ninguna manera pueden considerarse un respaldo del titular de la marca.

CONTENIDO

—

Tazón de felicidad invernal

Tiempo de preparación: 45 minutos

Porciones: 3

Nutrición: 387 calorías; 25,3 g de grasas; 38,5 g de carbohidratos; 6 g de proteínas; 5,8 g de azúcares

Ingredientes

1 taza de cebada perlada

1 cabeza de coliflor (1 libra), cortada en ramilletes pequeños

Sal marina gruesa y pimienta negra molida, al gusto

2 cucharadas de vinagre de champán

4 cucharadas de mayonesa

1 cucharadita de mostaza amarilla

4 cucharadas de aceite de oliva, divididas

10 onzas de maíz dulce en lata, escurrido

2 cucharadas de hojas de cilantro picadas

Instrucciones

Cocina la cebada en una cacerola con agua salada. Llevar a ebullición y cocinar aproximadamente 28 minutos. Escurre y reserva.

Comienza precalentando la freidora de aire a 400 grados F.

Coloca los ramilletes de coliflor en la cesta de la freidora ligeramente engrasada. Sazona con sal y pimienta negra; cocina durante 12 minutos, revolviendo a mitad del tiempo de cocción.

Mezcla con la cebada reservada. Añade el vinagre de champán, la mayonesa, la mostaza, el aceite de oliva y el maíz. Decorar con cilantro fresco. ¡Buen provecho!

Cazuela de verduras Tater Tot

Tiempo de preparación: 40 minutos

Porciones: 6

Nutrición: 493 calorías; 26,1 g de grasa; 49,6 g de carbohidratos; 17,1 g de proteínas; 5,7 g de azúcares

Ingredientes

1 cucharada de aceite de oliva

1 chalota, cortada en rodajas

2 dientes de ajo picados

1 pimiento rojo, sin semillas y en rodajas

1 pimiento amarillo, sin semillas y en rodajas

1 ½ tazas de col rizada

1 bolsa de 28 onzas de patatas fritas congeladas

6 huevos

1 taza de leche

Sal marina y pimienta negra molida, a su gusto

1 taza de queso suizo rallado

4 cucharadas de pan rallado sazonado

Instrucciones

Calienta el aceite de oliva en una cacerola a fuego medio-alto. Sofríe la chalota, el ajo y los pimientos durante 2 ó 3 minutos. Añade la col rizada y cocina hasta que se marchite.

Colocar los tater tots uniformemente en el fondo de una cazuela ligeramente engrasada. Repartir la mezcla salteada por encima.

En un bol, mezcla bien los huevos, la leche, la sal, la pimienta y el queso rallado. Vierte la mezcla en la cazuela.

Por último, cubre con el pan rallado sazonado. Hornea a 330 grados F durante 30 minutos o hasta que la parte superior esté dorada. ¡Buen provecho!

Espárragos fritos con queso de cabra

Tiempo de preparación: 15 minutos

Porciones: 3

Nutrición:132 calorías; 11,2 g de grasa; 2,2 g de carbohidratos; 6,5 g de proteínas; 1 g de azúcares

Ingredientes

1 manojo de espárragos, recortados

1 cucharada de aceite de oliva

1/2 cucharadita de sal kosher

1/4 de cucharadita de pimienta negra molida, al gusto

1/2 cucharadita de hierba de eneldo seca

1/2 taza de queso de cabra desmenuzado

Instrucciones

Coloca los espárragos en la cesta de cocción ligeramente engrasada. Mezcla los espárragos con el aceite de oliva, la sal, la pimienta negra y el eneldo.

Cocina en la freidora de aire precalentada a 400 grados F durante 9 minutos.

Sirve adornado con queso de cabra. ¡Buen provecho!

Berenjenas al horno con costra de queso

Tiempo de preparación: 45 minutos

Porciones: 3

Nutrición: 233 calorías; 7,6 g de grasa; 29,3 g de carbohidratos; 12,9 g de proteínas; 7,4 g de azúcares

Ingredientes

1 libra de berenjena, cortada en rodajas

1 cucharada de sal marina

1/4 de taza de queso romano, preferiblemente recién rallado

1/3 de taza de pan rallado

Sal marina y pimienta negra molida, al gusto

1 huevo batido

4 cucharadas de harina de maíz

1/4 de taza de queso mozzarella rallado

2 cucharadas de perejil italiano fresco, picado grueso

Instrucciones

Mezcla la berenjena con 1 cucharada de sal y déjala reposar durante 30 minutos. Escurre y enjuaga.

Mezcla el queso, el pan rallado, la sal y la pimienta negra en un bol. A continuación, añadir el huevo batido y la harina de maíz. Sumerge las rodajas de berenjena en la masa y presiona para cubrir todos los lados. Pásalas a la cesta de la freidora ligeramente engrasada.

Cocina a 370 grados F durante 7 a 9 minutos. Dale la vuelta a cada rodaja y cúbrela con la mozzarella. Cocina 2 minutos más o hasta que el queso se derrita.

Sirve adornado con perejil italiano fresco. ¡Buen provecho!

Ensalada asiática de hinojo y fideos

Tiempo de preparación: 20 minutos + tiempo de enfriamiento

Porciones: 3

Nutrición: 248 calorías; 13,2 g de grasa; 29,9 g de carbohidratos; 3,7 g de proteínas; 12,7 g de azúcares

Ingredientes

1 bulbo de hinojo, cortado en cuartos

Sal y pimienta blanca, al gusto

1 diente de ajo, finamente picado

1 cebolla verde, cortada en rodajas finas

2 tazas de col china, rallada

2 cucharadas de vinagre de vino de arroz

1 cucharada de miel

2 cucharadas de aceite de sésamo

1 cucharadita de jengibre recién rallado

1 cucharada de salsa de soja

1 taza de fideos chow mein, para servir

Instrucciones

Comienza precalentando su Freidora a 370 grados F.

Ahora, cocina el bulbo de hinojo en la cesta de cocción ligeramente engrasada durante 15 minutos, agitando la cesta una o dos veces.

Déjalo enfriar completamente y mézclalo con el resto de los ingredientes. Sírvelo bien frío.

Peperomia Clásica Italiana

Tiempo de preparación: 25 minutos

Porciones: 4

Nutrición: 389 calorías; 18,4 g de grasa; 49,1 g de carbohidratos; 9,3 g de proteínas; 19,8 g de azúcares

Ingredientes

2 cucharadas de aceite de oliva

4 pimientos morrones, sin semillas y en rodajas

1 pimiento serrano, sin semillas y en rodajas

1/2 taza de cebolla, pelada y cortada en rodajas

2 dientes de ajo, machacados

2 tomates triturados

2 cucharadas de kétchup de tomate

Sal marina y pimienta negra

1 cucharadita de pimienta de cayena

4 hojas de albahaca fresca

10 aceitunas sicilianas verdes, sin hueso y en rodajas

2 panecillos de chapata

Instrucciones

Unta los lados y el fondo de la cesta de cocción con 1 cucharada de aceite de oliva. Añade los pimientos, las cebollas y el ajo a la cesta de cocción. Cocina durante 5 minutos o hasta que estén tiernos.

Añade los tomates, el kétchup, la sal, la pimienta negra y la pimienta de cayena; añade la cucharada restante de aceite de oliva y cocina en la freidora precalentada a 380 grados F durante 15 minutos, removiendo de vez en cuando.

Repartir en cuencos individuales y decorar con hojas de albahaca y aceitunas. Sirve con los panecillos de chapata. ¡Buen provecho!

Patatas fritas con queso

Tiempo de preparación: 45 minutos

Porciones: 4

Nutrición: 470 calorías; 22 g de grasa; 50,1 g de carbohidratos; 18,6 g de proteínas; 8,7 g de azúcares

Ingredientes

4 patatas medianas

2 cucharadas de mantequilla

2 cucharadas de harina para todo uso

1 taza de leche

1 taza de half-and-half

Sal marina y escamas de pimienta roja, al gusto

1/2 cucharadita de polvo de chalote

1/2 cucharadita de ajo en polvo

1 ½ tazas de queso Colby, rallado

Instrucciones

Poner a hervir una olla grande con agua. Cocer las patatas enteras durante unos 20 minutos. Escurra las papas y déjelas reposar hasta que se enfríen lo suficiente como para manejarlas. Pela las patatas y córtalas en rodajas de 1/8 de pulgada. Derretir la mantequilla en una sartén a fuego moderado; añadir la harina y cocinar durante 1 minuto. Añade la leche poco a poco y cocina hasta que la salsa se haya espesado.

Añade half-and-half, la sal, la pimienta roja, la chalota en polvo y el ajo en polvo.

Coloca 1/2 de las patatas superpuestas en una sola capa en la cazuela ligeramente engrasada. Poner 1/2 de la salsa de queso encima de las patatas. Repite las capas.

Cubre con el queso rallado. Hornea en la freidora precalentada a 325 grados F durante 20 minutos. Sirve caliente.

Patatas asadas con panceta

Tiempo de preparación: 30 minutos

Porciones: 5

Nutrición: 401 calorías; 7,7 g de grasa; 69,9 g de carbohidratos; 15,2 g de proteínas; 3,8 g de azúcares

Ingredientes

2 cucharaditas de aceite de canola

5 patatas russet grandes, peladas

Sal marina y pimienta negra molida, al gusto

5 lonchas de panceta, picadas

5 cucharadas de queso suizo rallado

Instrucciones

Comienza precalentando la freidora de aire a 360 grados F.

Rocía el aceite de canola sobre las patatas. Coloca las patatas en la cesta de la Freidora y cocina aproximadamente 20 minutos, agitando la cesta periódicamente.

Aplastar ligeramente las patatas para partirlas y sazonarlas con sal y pimienta negra molida. Añade la panceta y el queso.

Colocar en la freidora precalentada y hornear 5 minutos más o hasta que el queso se haya derretido. ¡Buen provecho!

Ensalada de espárragos carbonizados y tomates cherry

Tiempo de preparación: 10 minutos + tiempo de enfriamiento

Porciones: 4

Nutrición: 289 calorías; 16,7 g de grasa; 30,1 g de carbohidratos; 8,9 g de proteínas; 19,9 g de azúcares

Ingredientes

1/4 de taza de aceite de oliva

1 libra de espárragos, recortados

1 libra de tomates cherry

1/4 de taza de vinagre balsámico

2 dientes de ajo picados

2 tallos de cebollino, picados

1/2 cucharadita de orégano

Sal marina gruesa y pimienta negra molida, a su gusto

2 huevos duros, cortados en rodajas

Instrucciones

Comienza por precalentar la freidora a 400 grados F. Unta la cesta de cocción con 1 cucharada de aceite de oliva.

Añade los espárragos y los tomates cherry a la cesta de cocción.

Rocía 1 cucharada de aceite de oliva sobre las verduras.

Cocina durante 5 minutos, agitando la cesta a mitad del tiempo de cocción. Deja que se enfríe ligeramente.

Mezcla con el resto del aceite de oliva, el vinagre balsámico, el ajo, las cebolletas, el orégano, la sal y la pimienta negra.

Después, añade los huevos duros encima de la ensalada y sirve.

Portobello baby empanados

Tiempo de preparación: 15 minutos

Porciones: 4

Nutrición: 260 calorías; 6,4 g de grasa; 39,2 g de carbohidratos;

12,1 g de proteínas; 5,8 g de azúcares

Ingredientes

1 ½ libras de portobello baby

1/2 taza de harina de maíz

1/2 taza de harina para todo uso

2 huevos

2 cucharadas de leche

1 taza de pan rallado

Sal marina y pimienta negra molida

1/2 cucharadita de polvo de chalote

1 cucharadita de ajo en polvo

1/2 cucharadita de comino en polvo

1/2 cucharadita de pimienta de cayena

Instrucciones

Seque los champiñones con una toalla de papel.

Para empezar, prepara tu estación de empanado. Mezcla la harina de maíz y la harina común en un plato llano. En otro plato, bate los huevos con la leche.

Por último, coloca el pan rallado y los condimentos en el tercer plato.

Empieza por pasar los portobello por la mezcla de harina y, a continuación, pásalas por el huevo. Presiona las pechugas en el pan rallado, cubriéndolas uniformemente.

Rocía la cesta de la freidora con aceite de cocina. Añade los portobellos y cocínalos a 400 grados F durante 6 minutos, dándoles la vuelta a mitad de la cocción. ¡Buen provecho!

Espárragos crujientes a la parmesana

Tiempo de preparación: 20 minutos

Porciones: 4

Nutrición: 207 calorías; 12,4 g de grasa; 11,7 g de carbohidratos; 12,2 g de proteínas; 1,6 g de azúcares

Ingredientes

2 huevos

1 cucharadita de mostaza de Dijon

1 taza de queso parmesano rallado

1 taza de pan rallado

Sal marina y pimienta negra molida, al gusto

18 espárragos cortados

1/2 taza de crema agria

Instrucciones

Comienza precalentando tu freidora a 400 grados F.

En un recipiente poco profundo, bate los huevos y la mostaza.

En otro recipiente poco profundo, combina el queso parmesano, el pan rallado, la sal y la pimienta negra.

Sumerge los espárragos en la mezcla de huevo y luego en la mezcla de parmesano; presiona para que se adhieran.

Cocinar durante 5 minutos; trabajar en tres tandas. Servir con crema agria al lado. Que lo disfrutes.

Postres

Sabroso pastel de plátano

Tiempo de preparación: 40 minutos

Porciones: 4

Ingredientes

1 cucharada de mantequilla blanda

1 huevo

1/3 de taza de azúcar moreno

2 cucharadas de miel

1 plátano

1 taza de harina blanca

1 cucharada de polvo de hornear

½ cucharada de canela en polvo

Spray para cocinar

Instrucciones

Rociar el molde de la tarta con spray para cocinar.

Mezclar en un bol la mantequilla con la miel, el azúcar, el plátano, la canela, el huevo, la harina y el polvo de hornear y batir.

Vaciar la mezcla en el molde para tortas con rocío de cocina, poner en la freidora de aire y cocinar a 350°F por 30 minutos.

Dejar enfriar y cortar en rebanadas.

Servir.

Tarta de queso simple

Tiempo de preparación: 25 minutos

Porciones: 15

Ingredientes

1 libra de queso crema

½ cucharada de extracto de vainilla

2 huevos

4 cucharadas de azúcar

1 taza de galletas graham

2 cucharadas de mantequilla

Instrucciones

Mezclar la mantequilla con las galletas en un bol.

Comprima la mezcla de galletas en el fondo del molde, póngala en la freidora de aire y cocínala a 350° F durante 4 minutos.

Mezclar el queso crema con el azúcar, la vainilla y el huevo en un bol y batir bien.

Espolvorea el relleno sobre la corteza de galletas y cocina la tarta de queso en la freidora de aire a 310° F durante 15 minutos.

Mantener la tarta en la nevera durante 3 horas y cortarla en rodajas.

Servir.

Pudín de pan

Tiempo de preparación: 10 minutos

Porciones: 4

Ingredientes

6 rosquillas glaseadas

1 taza de cerezas

4 yemas de huevo

1 y ½ tazas de nata para montar

½ taza de pasas

¼ taza de azúcar

½ taza de chispas de chocolate

Instrucciones

Mezclar en un bol las cerezas con la nata para montar y el huevo y luego girar bien.

Mezclar las pasas con las chispas de chocolate, el azúcar y las rosquillas en un bol y luego remover.

Mezclar las 2 mezclas, verter en una sartén aceitada y luego en la freidora de aire y cocinar a 310° F durante 1 hora.

Enfría el pudín antes de cortarlo.

Servir.

Postre de masa de pan y amaretto

Tiempo de preparación: 22 minutos

Porciones: 12

Ingredientes

1 libra de masa de pan

1 taza de azúcar

½ taza de mantequilla

1 taza de crema de leche

12 oz. de chispas de chocolate

2 cucharadas de licor de amaretto

Instrucciones

Voltea la masa, córtala en 20 rebanadas y corta cada pieza por la mitad.

Barrer los trozos de masa con el azúcar en spray, la mantequilla, ponerlos en la cesta de la freidora de aire y cocinarlos a 350°F durante 5 minutos. Voltéalos y cocínalos durante 3 minutos más. Pasar a una fuente.

Derrite la crema espesa en una sartén a fuego medio, pon las chispas de chocolate y gire hasta que se derritan.

Poner el licor, girar y pasar a una fuente.

Servir los panes con la salsa.

Peras envueltas

Tiempo de preparación: 10 minutos

Porciones: 4

Ingredientes

4 láminas de hojaldre

14 onzas de crema de vainilla

2 peras

1 huevo

½ cucharada de canela en polvo

2 cucharadas de azúcar

Instrucciones

Poner las rebanadas de hojaldre en una superficie plana, añadir una cucharada de crema de vainilla en el centro de cada una, añadir las mitades de pera y envolver.

Baña las peras con el huevo, la canela y el azúcar en spray, ponlas en la cesta de la freidora de aire y cocínalas a 320°F durante 15 minutos.

Divide los paquetes en los platos.

Sirve.

Plátanos fritos al aire

Tiempo de preparación: 10 minutos

Porciones: 4

Ingredientes

3 cucharadas de mantequilla

2 huevos

8 plátanos

½ taza de harina de maíz

3 cucharadas de azúcar de canela

1 taza de panko

Instrucciones

Calentar la sartén con la mantequilla a fuego medio, poner el panko, voltear y cocinar por 4 minutos y luego pasar a un recipiente.

Pasar cada uno por la harina, el panko y la mezcla de huevos, montarlos en la cesta de la freidora de aire, gratinar con el azúcar de canela y cocinar a 280° F durante 10 minutos.

Servir inmediatamente.

Tarta de cacao

Tiempo de preparación: 10 minutos

Porciones: 6

Ingredientes

3,5 oz. de mantequilla

3 huevos

3 oz. de azúcar

1 cucharada de cacao en polvo

3 oz. de harina

½ cucharada de zumo de limón

Instrucciones

Mezclar en un bol 1 cucharada de mantequilla con el cacao en polvo y batir.

Mezclar el resto de la mantequilla con los huevos, la harina, el azúcar y el zumo de limón en otro bol, batir bien y pasar la mitad a un molde para tartas

Poner la mitad de la mezcla de cacao, extenderla, añadir el resto de la capa de mantequilla y coronar con el cacao restante.

Poner en la freidora y cocinar a 360° F durante 17 minutos.

Dejar enfriar antes de cortar.

Servir.

Pan de manzana

Tiempo de preparación: 10 minutos

Porciones: 6

Ingredientes

3 tazas de manzanas

1 taza de azúcar

1 bps. de vacilla

2 huevos

1 cucharilla Especia de tarta de manzana

2 tazas de harina blanca

1 cucharada de polvo de hornear

1 barra de mantequilla

1 taza de agua

Instrucciones

Mezclar el huevo con 1 barrita de mantequilla, el azúcar, la especia para tartas de manzana y girar con la batidora.

Poner las manzanas y girar bien.

Mezclar el polvo de hornear con la harina en otro bol y girar.

Mezclar las dos mezclas, girarlas y pasarlas al molde.

Pon el molde en la freidora y cocina a 320°F durante 40 minutos.

Cortar en rodajas.

Servir.

Pan de plátano

Tiempo de preparación: 10 minutos

Porciones: 6

Ingredientes

¾ de taza de azúcar

1/3 de taza de mantequilla

1 cucharada de extracto de vainilla

1 huevo

2 plátanos

1 cucharada de polvo de hornear

1 y ½ tazas de harina

½ cucharada de bicarbonato de sodio

1/3 de taza de leche

1 y ½ cucharada de crémor tártaro

Spray para cocinar

Instrucciones

Mezclar en un bol la leche con el cremor tártaro, la vainilla, el huevo, el azúcar, los plátanos y la mantequilla, y darle la vuelta.

Mezclar la harina con el bicarbonato y la levadura en polvo.

Mezclar las 2 mezclas, dar vuelta bien, pasar a una sartén aceitada con aceite en aerosol, poner en la freidora de aire y cocinar a 320°F durante 40 minutos.

Sacar el pan, dejarlo enfriar y cortarlo en rebanadas.

Servir.

Mini pasteles de lava

Tiempo de preparación: 10 minutos

Porciones: 3

Ingredientes

1 huevo

4 cucharadas de azúcar

2 cucharadas de aceite de oliva

4 cucharadas de leche

4 cucharadas de harina

1 cucharada de cacao en polvo

½ cucharada de levadura en polvo

½ cucharada de ralladura de naranja

Instrucciones

Mezclar el huevo con el azúcar, la harina, la sal, el aceite, la leche, la ralladura de naranja, el polvo de hornear y el cacao en polvo, dar vueltas. Pasar a ramequines aceitados.

Poner los ramequines en la freidora de aire y cocinar a 320°F durante 20 minutos.

Sirve caliente.

Manzanas crujientes

Tiempo de preparación: 10 minutos

Porciones: 4

Ingredientes

2 cucharadas de canela en polvo

5 manzanas

½ cucharada de nuez moscada en polvo

1 cucharada de jarabe de arce

½ taza de agua

4 cucharadas de mantequilla

¼ taza de harina

¾ de taza de avena

¼ de taza de azúcar moreno

Instrucciones

Poner las manzanas en una sartén, poner la nuez moscada, el jarabe de arce, la canela y el agua.

Mezcla la mantequilla con la harina, el azúcar, la sal y la avena, dale la vuelta, pon una cucharada de la mezcla sobre las manzanas, ponla en la freidora y cocínala a 350°F durante 10 minutos.

Servir mientras esté caliente.

Tarta de jengibre

Tiempo de preparación: 2 horas y 30 minutos

Porciones: 6

Ingredientes

2 cucharadas de mantequilla

½ taza de galletas de jengibre

16 oz. de queso crema

2 huevos

½ taza de azúcar

1 cucharada de ron

½ cucharada de extracto de vainilla

½ cucharada de nuez moscada

Instrucciones

Untar la sartén con la mantequilla y espolvorear las migas de galleta en el fondo.

Batir el queso crema con el ron, la vainilla, la nuez moscada y los huevos, batir bien y espolvorear las migas de galleta.

Poner en la freidora de aire y cocinar a 340° F durante 20 minutos.

Dejar enfriar la tarta de queso en la nevera durante 2 horas antes de cortarla.

Servir.

Galletas de cacao

Tiempo de preparación: 10 minutos

Porciones: 12

Ingredientes

6 oz. de aceite de coco

6 huevos

3 oz. de cacao en polvo

2 cucharadas de vainilla

½ cucharada de polvo de hornear

4 oz. de queso crema

5 cucharadas de azúcar

Instrucciones

Mezclar los huevos con el aceite de coco, el polvo de hornear, el cacao en polvo, el queso crema, la vainilla en una batidora, batir y girar con una batidora.

Póngalo en una bandeja para hornear forrada y en la freidora a 320°F y hornea durante 14 minutos.

Divide la bandeja en rectángulos.

Sirve.

Brownies especiales

Tiempo de preparación: 10 minutos

Porciones: 4

Ingredientes

1 huevo

1/3 de taza de cacao en polvo

1/3 de taza de azúcar

7 cucharadas de mantequilla

½ cucharada de extracto de vainilla

¼ taza de harina blanca

¼ taza de nueces

½ cucharada de polvo de hornear

1 cucharada de mantequilla de cacahuete

Instrucciones

Calentar la sartén con 6 cucharadas de mantequilla y el azúcar a fuego medio, girar, cocinar durante 5 minutos, pasar a un bol, poner la sal, el huevo, el cacao en polvo, el extracto de vainilla, las nueces, el polvo de hornear y la harina, girar mezclar bien y poner en una sartén.

Mezclar la mantequilla de cacahuete con una cucharada de mantequilla en un bol, calentar en el microondas durante unos segundos, dar la vuelta correctamente y espolvorear la mezcla de brownies.

Poner en la freidora de aire y hornear a 320° F y hornear durante 17 minutos.

Dejar enfriar los brownies y cortarlos.

Servir.

Bollos de arándanos

Tiempo de preparación: 20 minutos

Porciones: 10

Ingredientes

1 taza de harina blanca

1 taza de arándanos

2 huevos

½ taza de crema de leche

½ taza de mantequilla

5 cucharadas de azúcar

2 cucharadas de extracto de vainilla

2 cucharadas de polvo para hornear

Instrucciones

Mezclar en un bol la harina, el polvo de hornear, la sal y los arándanos y girar.

Mezclar la crema de leche con el extracto de vainilla, el azúcar, la mantequilla y los huevos y girar bien.

Licuar las 2 mezclas, apretar hasta que la masa esté lista, obtener 10 triángulos de la mezcla, ponerlos en una bandeja de horno en la freidora de aire y cocinarlos a 320°F durante 10 minutos.

Sírvalos fríos.

Galletas de chocolate

Tiempo de preparación: 10 minutos

Porciones: 12

Ingredientes

1 cucharada de extracto de vainilla

½ taza de mantequilla

1 huevo

4 cucharadas de azúcar

2 tazas de harina

½ taza de chispas de chocolate sin azúcar

Instrucciones

Calentar la sartén con la mantequilla a fuego medio, girar y cocinar durante 1 minuto.

Mezclar el huevo con el azúcar y el extracto de vainilla en un tazón y girar bien.

Poner la harina, la mantequilla derretida y la mitad de las chispas de chocolate y girar.

Pasar a una sartén, espolvorear el resto de las chispas de chocolate, poner en la freidora a 330° F y hornear durante 25 minutos.

Servir las rebanadas cuando estén frías.

Tarta de naranja sabrosa

Tiempo de preparación 42 minutos

Porciones: 12

Ingredientes

6 huevos

1 naranja

1 cucharada de extracto de vainilla

1 cucharada de polvo de hornear

9 oz. de harina

2 oz. de azúcar + 2 cdas.

2 cucharadas de ralladura de naranja

4 oz. de queso crema

4 oz. de yogur

Instrucciones

Batir bien la naranja en un procesador de alimentos.

Poner 2 cucharadas de azúcar, la harina, el extracto de vainilla, el polvo de hornear y batir bien.

Pasar la mezcla a 2 moldes de resorte, poner en la freidora y cocinar a 330°F durante 16 minutos.

Mezclar en un bol el queso crema con el yogur y la ralladura de naranja y el resto del azúcar y batir adecuadamente.

Poner una capa de pastel en un plato, la mitad de la mezcla de queso crema, luego la otra capa de pastel y la mezcla de queso crema restante.

Frotar adecuadamente y cortar en rodajas.

Servir.

Macarrones

Tiempo de preparación: 10 minutos

Porciones: 20

Ingredientes

2 cucharadas de azúcar

4 claras de huevo

2 tazas de coco

1 cucharada de extracto de vainilla

Instrucciones

Mezclar en un bol las claras de huevo con la stevia y batir con la batidora.

Poner el coco y el extracto de vainilla, batir de nuevo, sacar bolitas de la mezcla, poner en la freidora de aire y cocinar a 340°F durante 8 minutos.

Servir frío.

Tarta de queso de lima

Tiempo de preparación: 4 horas y 14 minutos

Porciones: 10

Ingredientes

2 cucharadas de mantequilla

2 cucharadas de azúcar

4 oz. de harina

¼ de taza de coco

Para el relleno

1 libra de queso crema

Ralladura de 1 lima

Jugo de 1 lima

2 tazas de agua caliente

2 sobres de gelatina de lima

Instrucciones

Mezclar el coco con la harina, el azúcar y la mantequilla en un bol, girar bien y comprimir la mezcla en el fondo de la sartén.

Poner agua caliente en un bol, poner los sobres de gelatina y girar hasta que se derrite.

Poner el queso crema en un bol, poner el zumo de lima, la ralladura y la gelatina y batir bien.

Pon la mezcla en la corteza, frótela, póngala en la freidora de aire y cocínala a 300° F durante 4 minutos.

Enfriar en la nevera durante 4 horas.

Servir.

Granola fácil

Tiempo de preparación 45 minutos

Porciones: 4

Ingredientes

1 taza de coco

½ taza de almendras

½ taza de nueces pecanas

2 cucharadas de azúcar

½ taza de semillas de calabaza

½ taza de semillas de girasol

2 cucharadas de aceite de girasol

1 cucharada de nuez moscada

1 cucharada de mezcla de especias para tarta de manzana

Instrucciones

Mezclar las nueces pecanas y las almendras con las semillas de calabaza, las semillas de girasol, el coco, la nuez moscada y la mezcla de especias para tartas de manzana en un bol y girar bien.

Calentar la sartén con aceite a fuego medio, añadir el azúcar y girar bien.

Esparcir la mezcla de coco y frutos secos, y girar bien.

Verter la mezcla en una bandeja para hornear forrada, poner en la freidora de aire y cocinar a 300° F y hornear durante 25 minutos.

Deja que la granola se enfríe y córtela en rodajas.

Servir.

Tarta de fresas

Tiempo de preparación: 35 minutos

Porciones: 6

Ingredientes

¾ de taza de azúcar

6 tazas de fresas

1/8 cucharadita de polvo de hornear

1 cucharada de zumo de limón

½ taza de harina

Una pizca de bicarbonato de sodio

½ taza de agua

3 y ½ cucharadas de aceite de oliva

Spray para cocinar

Instrucciones

Mezclar las fresas con la mitad del azúcar, poner el zumo de limón, rociar un poco de harina en un bol, batir y volcar en una fuente de horno y aceitar con aceite en spray.

Mezclar la harina con el polvo de hornear, el resto del azúcar, la soda y girar bien.

Poner el aceite de oliva y mezclar con las manos.

Obtener ½ taza de agua y rociar sobre las fresas.

Poner en la freidora a 355°F y asar durante 25 minutos.

Deja enfriar la tarta y córtala en rodajas.

Servir.

Pastel de ciruelas

Tiempo de preparación: 1 hora y 56 minutos

Porciones: 8

Ingredientes

7 onzas de harina

1 paquete de levadura seca

1 oz. de mantequilla

1 huevo

5 cucharadas de azúcar

3 oz. de leche

1 y ¾ lbs. de ciruelas

Ralladura de 1 limón

1 oz. de copos de almendra

Instrucciones

Mezclar en un bol la levadura con la mantequilla, 3 cucharadas de azúcar y la harina, y luego girar bien.

Poner el huevo y la leche y batir durante 4 minutos hasta que se haga la masa.

Montar la masa en un molde de primavera aceitado con un poco de mantequilla, mantener durante 1 hora tapado.

Montar las gorditas sobre la mantequilla, rociar el azúcar restante, poner en la freidora a 350°F, hornear durante 36 minutos, dejar enfriar, esparcir ralladura de limón y copos de almendra por encima, cortar en rodajas.

Servir.

Brownies de lentejas y dátiles

Tiempo de preparación: 25 minutos

Porciones: 8

Ingredientes

28 onzas de lentejas enlatadas

12 dátiles

1 cucharada de miel

1 plátano

½ cucharada de bicarbonato de sodio

4 cucharadas de mantequilla de almendras

2 cucharadas de cacao en polvo

Instrucciones

Mezclar las lentejas con el cacao, el plátano, la mantequilla, la miel y el bicarbonato en un procesador de alimentos y batir bien.

Poner los dátiles, batir durante algún tiempo, poner la mezcla en una sartén aceitada untar bien, poner en la freidora a 360°F y asar durante 15 minutos.

Sacar la mezcla de brownies del horno, cortar en rodajas y montar en una bandeja.

Servir.

Magdalenas de Maple

Tiempo de preparación 30 minutos

Porciones: 4

Ingredientes

4 cucharadas de mantequilla

4 huevos

½ taza de puré de manzana

2 cucharadas de canela en polvo

1 cucharada de extracto de vainilla

½ manzana

4 cucharadas de sirope de arce

¾ de taza de harina blanca

½ cucharada de polvo de hornear

Instrucciones

Calentar la sartén con la mantequilla a fuego medio, poner la vainilla, la salsa de manzana, los huevos y el jarabe de arce, remover, retirar del fuego. Dejar enfriar.

Poner la canela, la harina, el polvo de hornear y las manzanas, batir, poner en un molde para cupcakes, meter en la freidora de aire a 350°F y asar por 20 minutos.

Deja que los cupcakes se enfríen, ponlos en una bandeja.

Servir.

Tarta de ruibarbo

Tiempo de preparación: 1 hora y 15 minutos

Porciones: 6

Ingredientes

1 y ¼ tazas de harina de almendras

8 cucharadas de mantequilla

5 cucharadas de agua fría

1 cucharada de azúcar

Para el relleno

3 tazas de ruibarbo

3 cucharadas de harina

1 y ½ tazas de azúcar

2 huevos

½ cucharada de nuez moscada

1 cucharada de salvia

2 cucharadas de leche baja en grasa

Instrucciones

Mezclar 1 y ¼ tazas de harina con, 8 cucharadas de mantequilla, 1 cucharadita de azúcar y agua fríe en un bol, girar y comprimir hasta hacer la masa.

Pasar la masa a una superficie de trabajo enharinada, dar forma de disco, aplanar, enrollar en plástico, dejar en la nevera durante 30 minutos, envolver y presionar en el fondo de un molde para tartas.

Mezclar el ruibarbo con 1 y ½ tazas de azúcar, 8 cucharadas de mantequilla y la nuez moscada, luego batir.

Bate la leche con el huevo, pon la mezcla de ruibarbo en otro bol, pon la mezcla en la corteza de la tarta, ponla en la freidora de aire y cocínala a 390°F durante 45 minutos.

Servir cortado en rodajas y frío.

Pudín de mandarina

Tiempo de preparación: 1 hora

Porciones: 8

Ingredientes

1 mandarina

Zumo de 2 mandarinas

2 cucharadas de azúcar moreno

4 oz. de mantequilla

2 huevos

¾ de taza de azúcar

¾ de taza de harina blanca

¾ de taza de almendras

Miel para servir

Instrucciones

Untar un molde para pan con mantequilla, rociar el fondo con azúcar moreno y montar las rodajas de mandarina.

Mezclar la mantequilla con el huevo, el azúcar, las almendras, el zumo de mandarina y la harina, dar la vuelta, extender la mezcla sobre las rodajas de mandarina, poner el molde en la freidora de aire y cocinar a 360°F durante 40 minutos.

Colocar el pudín en el plato.

Servir con miel por encima.

Pastel de esponja

Tiempo de preparación 30 minutos

Porciones: 12

Ingredientes

3 tazas de harina

3 cucharadas de polvo de hornear

½ taza de maicena

1 cucharada de bicarbonato de sodio

1 taza de aceite de oliva

1 y ½ taza de leche

1 y 2/3 de taza de azúcar

2 tazas de agua

¼ taza de zumo de limón

2 cucharadas de extracto de vainilla

Instrucciones

Mezclar la harina con el bicarbonato, la maicena, la levadura en polvo y el azúcar en un bol y luego batir bien.

Mezclar el aceite con la leche, el agua, vainilla y el zumo de limón, luego batir.

Mezclar las dos mezclas, girar, poner en una fuente de horno untada, meter en la freidora y cocinar a 350° F durante 20 minutos.

Dejar enfriar y cortar en rodajas.

Servir.

Pastel de ricotta y limón

Tiempo de preparación: 20 minutos

Porciones: 4

Ingredientes

8 huevos

3 libras de queso ricotta

½ libra de azúcar

Ralladura de 1 limón

Ralladura de 1 naranja

Mantequilla para la sartén

Instrucciones

Mezclar los huevos con el azúcar del limón, la ralladura de naranja y el queso, y darles la vuelta adecuada.

Untar la sartén con un poco de masa, rociar la mezcla de ricotta, meter en la freidora a 39°F y asar durante 30 minutos.

Reducir el calor a 380°F y asar durante 40 minutos todavía.

Retirar del horno y dejar enfriar.

Servir.

Cupcake de almendra

Tiempo de preparación: 5 minutos

Tiempo de cocción: 20 minutos

Porciones: De 3 a 5 personas

Ingredientes:

3 cucharadas de mantequilla

2 cucharadas de auténtico jarabe de arce

½ taza de harina de almendra

1/8 de cucharadita de sal

1/3 de taza de chips de chocolate

1 huevo batido

½ cucharadita de vainilla

Instrucciones:

Precalentar el horno a 350 grados. Colocar los forros para cupcakes en el molde. Precalentar a 3200F. Utiliza forros de silicona para cupcakes.

En un tazón de vidrio o de acero inoxidable, agrega las chispas de chocolate, la mantequilla y la miel. Caliéntalo al baño maría durante unos segundos hasta que el chocolate comience a derretirse.

Retira el bol cuando el chocolate empiece a derretirse y remueve hasta que la mantequilla, la miel y el chocolate estén bien mezclados.

Dejar enfriar de 5 a 8 minutos aproximadamente. Añadir el resto de los ingredientes al chocolate derretido enfriado y remover bien con una cuchara de madera.

Vierte la masa en el molde para magdalenas preparado. Hornear durante unos 15 a 18 minutos, o hasta que al insertar un palillo éste salga limpio.

Si el palillo no sale limpio, seguir cocinando durante unos 3 ó 4 minutos. Cubre con las almendras fileteadas y el coco rallado sin azúcar.

Espolvorear con azúcar en polvo y servir.

Tarta de lava

Tiempo de preparación: 5 minutos

Tiempo de cocción: 10 minutos

Porciones: de 2 a 4 personas

Ingredientes:

1 huevo

2 cucharadas de cacao en polvo

2 cucharadas de agua

2 cucharadas de eritritol no transgénico

1/8 cucharadita de stevia

1 cucharada de harina de lino dorada

1 cucharada de aceite de coco derretido

½ cucharadita de polvo de hornear sin aluminio

Una pizca de vainilla

Una pizca de sal del Himalaya

Instrucciones:

Bate todos los ingredientes en un plato de vidrio Pyrex de dos tazas o en un ramekin.

Precalienta la freidora de aire a 350°F durante un minuto. Coloca el plato de vidrio con la mezcla de pastel en la freidora de aire y hornea a 350 °F durante unos 8 a 9 minutos.

Retira la fuente con cuidado con un guante de cocina. Deja que se enfríe durante unos minutos y luego disfruta.

Pastel de chocolate

Tiempo de preparación: 10 minutos

Tiempo de cocción: 55 minutos

Tiempo total: 1 hora y 5 minutos

Porciones: de 2 a 4 personas

Ingredientes:

3 huevos grandes

1 taza (128 g de harina de almendras)

2/3 de taza (85g de azúcar)

1/3 de taza (78ml de crema de leche)

¼ taza (59ml de aceite de coco derretido

¼ de taza (32g de cacao en polvo sin azúcar

1 cucharadita de polvo de hornear

½ cucharadita de ralladura de naranja

1/8 de taza (16g de nueces picadas

1/8 de taza (16g de pacanas picadas

Mantequilla sin sal a temperatura ambiente

Instrucciones:

Untar con mantequilla un molde redondo de 7 pulgadas y forrar el fondo con papel pergamino.

Coloca todos los ingredientes en un bol grande. Con una batidora de mano a velocidad media, bate hasta que la masa sea ligera y esponjosa.

Esto es importante para evitar que el pastel sea demasiado denso. Incorpora con cuidado las nueces a la masa para que no se escape el aire.

Vierte la masa del pastel en el molde y cúbrelo bien con papel de aluminio. Colócalo en la cesta de la freidora y cocínalo durante unos 45 minutos a 3250F.

Retira el papel de aluminio y cocina durante 10 a 15 minutos más, hasta que al insertar un cuchillo en el centro éste salga limpio.

Saca el molde de la freidora y colócalo en una rejilla para enfriar durante 10 minutos. A continuación, saca el pastel de la sartén y déjalo enfriar durante 20 minutos más. Cortar y servir.

Tarta de arándanos

Tiempo de preparación: 15 minutos

Tiempo de cocción: 12 minutos

Porciones: de 2 a 4 personas

Ingredientes:

1 taza (128 g de arándanos)

2,5 cucharadas de azúcar en polvo

1 cucharadita de zumo de limón

1 pizca de sal

14 onzas (320g de corteza de tarta refrigerada o rollo de pastelería de corteza corta

Agua

Azúcar de vainilla para espolvorear por encima (opcional)

Instrucciones:

Mezcla los arándanos, el azúcar, el zumo de limón y la sal en un bol mediano.

Extienda la masa y corta de 6 a 8 círculos (de 4 pulgadas). Coloca aproximadamente 1 cucharada del relleno de arándanos en el centro de cada círculo.

Humedezca los bordes de la masa con agua y doble la masa sobre el relleno para formar una media luna. Con un tenedor, junta suavemente los bordes de la masa.

A continuación, haz tres cortes en la parte superior de las tartas de mano. Rocía las tartas de mano con spray de cocina y espolvorea con azúcar de vainilla.

Precalienta la freidora a 3500F. Coloca 3-4 tartas de mano en una sola capa dentro de la cesta de la freidora de aire. Cocina durante unos 9 a 12 minutos, o hasta que se doren.

Deja que los pasteles se enfríen durante al menos 10 minutos antes de servirlos.

Pastelitos de Nutella

Tiempo de preparación: 2 minutos

Tiempo de cocción: 5 minutos

Tiempo total: 7 minutos

Porciones: de 2 a 4 personas

Ingredientes:

4 galletas graham cortadas por la mitad

4 malvaviscos jumbo, utiliza 2 cortados por la mitad

Fresas y frambuesas

4 cucharaditas de Nutella

Instrucciones:

Precalienta la freidora de aire a 3500F. Coloca 4 mitades de galletas graham (o 4 galletas en la cesta de la freidora de aire.

Poner 1 malvavisco encima de cada mitad de galleta graham. Cocina durante 5 minutos, hasta que el malvavisco esté bien dorado.

Añade las bayas y la Nutella. Cubre cada uno con una mitad de galleta graham. Sirve y disfruta.

Pastelitos (Pop Tarts)

Tiempo de preparación: 10 minutos

Tiempo de cocción: 7 minutos

Porciones: de 2 a 4 personas

Ingredientes:

1 corteza de pastel refrigerada o hecha en casa

½ taza de mermelada de fresa

Spray para cocinar, opcional

½ taza de yogur griego, para el glaseado, opcional

Instrucciones:

Extiende la corteza de pastel refrigerada o extiende la corteza de pastel casera.

Usando un cortador de galletas, corta dos formas para cada tarta pop que quiera hacer. Con una cucharada de mermelada, extiéndala a menos de 1/2" pulgada del borde.

Coloca con cuidado el otro recorte encima de la mermelada y presiona suavemente los bordes con un tenedor. Coloca las pop tarts en la freidora de aire, con cuidado de que no se toquen.

Rocía la parte superior de las pop tarts si quieres que estén un poco más crujientes, pero no es necesario.

Cocina durante unos 7 a 10 minutos a 3700F, comprobando cada minuto después de 6 minutos para ver si están al punto deseado.

En ese momento están listas y deliciosas, pero si quieres un "glaseado" más saludable, mezcla una porción de fruta para untar y una porción de yogur griego y rocíalas por encima.

Sirve inmediatamente y ¡disfruta!

Tostadas de calabaza

Tiempo de preparación 4 minutos

Tiempo de cocción: 16 minutos

Porciones: De 1 a 3 personas

Ingredientes:

Sartén de la freidora de aire

4 rebanadas de pan integral

1 huevo pequeño

3 cucharadas de leche entera

120 g de calabaza

60g de relleno de pastel de calabaza

2 cucharaditas de miel

Una pizca de nuez moscada

Instrucciones:

Corta la calabaza fresca en cubos pequeños y colócalos en un bol para mezclar.

Mézclalos con la miel y la nuez moscada hasta que los trozos de calabaza estén bien cubiertos. Coloca los cubos de calabaza en la freidora de aire.

En el mismo recipiente, añadir la leche y el huevo y mezclar bien con un tenedor hasta que el huevo esté bien batido.

Añade el relleno de la tarta de calabaza y mézclalo bien. Sacar la calabaza de la freidora y reservarla.

Sumerge el pan en rebanadas en la mezcla para tostadas hasta que parezca que se ha ahogado en ella, retira el exceso de humedad y colócalo en la freidora a través de la sartén de la parrilla.

Cocínalo durante unos 4 minutos por un lado a 4000F y luego dale la vuelta con unas pinzas.

Una vez dado la vuelta añade la calabaza y cocina otros 4 minutos a la misma temperatura.

Rociar con el jugo de la calabaza y un poco de miel y servir.

Hamburguesas

Tiempo de preparación: 15 minutos

Tiempo de cocción 45 minutos

Porciones: de 2 a 4 personas

Ingredientes:

300 g de carne picada mixta de cerdo y ternera

Cebolla

1 cucharadita de puré de ajo

1 cucharadita de puré de tomate

1 cucharadita de mostaza

1 cucharadita de albahaca

1 cucharadita de hierbas mixtas

Sal y pimienta

25 g de queso cheddar

4 panecillos

Ensalada para cubrir la hamburguesa

Instrucciones:

En un bol, añade la carne picada y los condimentos y mézclalos bien.

Forme cuatro hamburguesas de tamaño medio y colócalas en la bandeja de cocción de la Freidora. Cocina en la Freidora a 200c durante 25 minutos y luego controle.

Cocínalas durante 20 minutos más a 180 C. Añade la ensalada, el queso, el pan y sirve.

Buñuelos de manzana

Tiempo de preparación: 10 minutos

Tiempo de cocción: 15 minutos

Porciones: de 2 a 4 personas

Ingredientes:

Buñuelos

1 taza de harina de trigo

1 taza de yogur griego natural

2 cucharaditas de azúcar opcional

1 cucharada de canela

1 manzana grande pelada y picada

Glaseado

1 taza de azúcar de repostería

2 cucharadas de leche o más, si es necesario

Instrucciones:

Mezclar todos los ingredientes de los buñuelos en un bol mediano. Amasa la mezcla en el bol unas 3 o 4 veces.

Mezcla los ingredientes del glaseado, esta mezcla debe ser delgada. Ponla a un lado. Forra el fondo de la freidora de aire con una hoja de pergamino.

Rocía el pergamino generosamente con aceite. Divide la masa de buñuelos en 4 bolas del tamaño de un balón de balonmano. Aplástalas ligeramente y colócalas en la cesta de la freidora.

Rocía con aceite vegetal. Fríe al aire a 370 F durante unos 13 a 15 minutos, dándoles la vuelta a mitad de la cocción.

Vuelve a rociar con aceite después de darles la vuelta. Comprobar el estado de cocción con un palillo. Rocía o sumerge en el glaseado y luego coloca los buñuelos en una rejilla para que se enfríen y se seque el glaseado.

Servir inmediatamente y disfrutar.

Mini pan de plátano

Tiempo de preparación: 5 minutos

Tiempo de cocción 30 minutos

Porciones: de 2 a 4 personas

Ingredientes:

1 plátano machacado (maduro)

1 huevo

3 cucharadas de azúcar moreno

2 cucharadas de aceite de canola

¼ de taza de leche

¾ de taza de harina común mezclada

½ cucharadita de bicarbonato de sodio

Instrucciones:

Forrar un molde muy pequeño o una fuente de vidrio apta para el horno con papel para hornear y recortar. Rocía con un poco de aceite. Si utilizas un horno, precaliéntelo a 320 F.

En un bol pequeño, bate el huevo con el plátano machacado. A continuación, bate el azúcar, el aceite y la leche. Añadir la harina y el bicarbonato de sodio y mezclar hasta que se combinen.

Verter la masa en el molde preparado y hornear en el horno o en la freidora de aire durante unos 25 a 35 minutos o hasta que al pinchar el fondo del pastel salga limpio.

A mí me lleva entre 30 y 35 minutos en la freidora y 25 minutos en el horno. Dejar enfriar durante 10 minutos en el molde/plato, y luego transferirlo a una rejilla para que se enfríe. Servir inmediatamente y disfrutar.

Pastel de cerezas

Tiempo de preparación: 5 minutos

Tiempo de cocción: 10 minutos

Tiempo total: 15 minutos

Porciones: de 2 a 4 personas

Ingredientes:

Paquete de 14 onzas de cortezas de pastel refrigeradas

½ taza de relleno de tarta de cereza

Spray antiadherente para cocinar

3 cucharadas de azúcar en polvo

½ cucharadita de leche

Instrucciones:

Desenrolla las cortezas de pastel refrigeradas. Corta 6 pasteles con un cortador de galletas. Coloca 1,5 cucharadas de relleno de tarta de cereza cerca del centro de cada trozo de masa.

Dobla la tarta por la mitad. Sellar el borde presionando ligeramente con las púas de un tenedor. Haz 3 pequeños cortes en la parte superior de la masa. Colocar en la cesta de la freidora.

Rocía ligeramente con spray antiadherente. Cocinar en la freidora aproximadamente 10 minutos a 350 F.

Retirar cuando estén ligeramente dorados. Deja que se enfríe.

Mezcla bien los ingredientes del glaseado para eliminar los grumos. Rocía sobre las tartas enfriadas.

Servir inmediatamente y disfrutar.

Coles de Bruselas

Tiempo de preparación: 5 minutos

Tiempo de cocción: 20 minutos

Porciones: de 2 a 4 personas

Ingredientes:

1 libra de coles de Bruselas cortadas por la mitad

2 cucharadas de miel

1 ½ cucharadas de aceite vegetal

1 cucharada de gochujang

½ cucharadita de sal

Instrucciones de cocción

Combinar la miel, el aceite vegetal, el gochujang y la sal en un bol y remover. Reservar una cucharada de la salsa.

Añade las coles de Bruselas al bol y remueve hasta que todas las coles estén completamente cubiertas. Coloca las coles de Bruselas en tu freidora, asegurándote de que no se superpongan.

Cocina a 360 F durante unos 15 minutos, agitando la cesta a mitad de camino. Aparta el recipiente.

Una vez que hayan pasado los 15 minutos de cocción, aumente la temperatura a 390F y cocina durante unos 5 minutos más.

Cuando las coles estén hechas, colócalas en el bol y cúbrelas con la salsa reservada y remuévelas. Disfruta.

Fritos de batata de postre

Tiempo de preparación: 5 minutos

Tiempo de cocción: 20 minutos

Porciones: de 2 a 4 personas

Ingredientes:

2 batatas medianas

½ cucharada de aceite de coco

1 cucharada de almidón de arrurruz o maicena

2 cucharaditas de mantequilla derretida (para el recubrimiento)

¼ de taza de azúcar de coco o azúcar cruda

1 ó 2 cucharadas de canela

Azúcar en polvo para espolvorear (opcional

Salsas para mojar

Hummus de postre

Yogur griego con miel o vainilla

Glaseado de arce {vegano}

Instrucciones:

Pelar las batatas, lavarlas con agua limpia y secarlas. Corta las batatas peladas a lo largo, con un grosor de ½ pulgada.

Mezcla las rebanadas de batata en 1/2 cucharada de aceite de coco y almidón de arrurruz (o maicena). Poner en la freidora de aire durante unos 18 minutos a 370ºF.

Agitar a mitad de camino a los 8 o 9 minutos. Saca las batatas de la freidora de aire y colócalas en un bol grande.

Rocía 2 cucharaditas de mantequilla opcional sobre las batatas. A continuación, mezcla la canela y el azúcar y vuelve a mezclar las batatas.

Colocar en el plato para servir, espolvorear con azúcar en polvo. Sirve las batatas con la salsa para mojar de tu elección.

Para guardarlas, mantener las batatas envueltas en papel de aluminio y en la nevera. Luego recalentarlas en el horno antes de servirlas. Se conservan durante 2-3 días.

Bocaditos de churro

Tiempo de preparación: 5 minutos

Tiempo de cocción: 1 hora y 5 minutos

Tiempo bruto: 1 hora 10 minutos

Porciones: de 2 a 4 personas

Ingredientes:

1 taza de agua

8 cucharadas de (1 barra de mantequilla sin sal, cortada en 8 trozos

½ taza de azúcar más 1 cucharada de azúcar granulada, dividida

1 taza de harina para todo uso

1 cucharadita de extracto de vainilla

3 huevos grandes

2 cucharaditas de canela molida

4 oz. de chocolate negro finamente picado

¼ de taza de crema agria o yogur griego

Instrucciones:

Poner a hervir el agua, la mantequilla y 1 cucharada de azúcar en una cacerola pequeña a fuego medio-alto.

Añade la harina y remuévela rápidamente con una cuchara de madera resistente. Seguir cocinando, removiendo constantemente, hasta que la harina huela a tostado y la mezcla esté espesa, unos 3 minutos.

Pasar a un bol grande. Con la misma cuchara de madera, batir la mezcla de harina hasta que se enfríe un poco pero aún esté caliente, aproximadamente 1 minuto de agitación constante.

Incorporar la vainilla. Añadir los huevos de uno en uno, asegurándose de que cada huevo se incorpora antes de añadir el siguiente.

Pasar la masa a una manga pastelera o a una bolsa con cierre de galón. Dejar reposar la masa durante 1 hora a temperatura ambiente.

Mientras tanto, prepara el azúcar de canela y la salsa de chocolate. Combina la canela y la ½ taza de azúcar restante en un bol grande.

Calienta el chocolate en un tazón mediano apto para microondas en intervalos de 30 segundos, revolviendo entre cada uno, hasta que el chocolate se derrita, de 1 ½ a 2 minutos. Añadir la crema agria o el yogur y batir hasta que esté suave. Tapar y reservar. 9. Precalentar la freidora de aire durante 10 minutos a 375°F.

Coloca la masa directamente en la freidora de aire precalentada, haciendo 6 (piezas de 3 pulgadas y colocándolas con una separación de al menos ½ pulgada.

Fríe al aire hasta que se doren, durante unos 10 minutos. Pasar inmediatamente los churros al bol de azúcar con canela y remover para cubrirlos.

Repite la operación de freír el resto de la masa. Servir los churros calientes con la salsa para mojar.

Pasteles salados.

Pastel de desayuno sin complicaciones

Tiempo de preparación: 25 MIN

Porciones: 4

Ingredientes:

6 panceta, cocida y desmenuzada

1 corteza de pastelería fina

3 cebollas verdes, cortadas en rodajas

4 huevos

1 cucharadita de pimienta negra

2 tazas de leche

1 cucharada de jarabe de arce

1 taza de queso cheddar, rallado

1 patata, hervida y picada

1 cucharadita de sal

Instrucciones:

Precalienta la freidora de aire a 390 grados Fahrenheit.

Coloca la corteza de pastelería en un molde para hornear. Asegúrate de cortar los bordes sobrantes.

Bate los huevos en un bol durante 2 minutos. Añade la leche y vuelve a batir.

Añade la cebolla, la patata, el tocino y el queso y mezcla bien.

Sazona con sal y pimienta negra.

Remover y añadir la mezcla encima de la corteza.

Utiliza un papel de aluminio para cubrirla. Usa un cuchillo para hacer dos o tres agujeros en la parte superior.

Hornea en la freidora de aire precalentada durante unos 10 minutos.

Deja que se enfríe un poco y luego sirve.

Pastel de pato

Porciones: 4

Tiempo de preparación: 20 minutos

Tiempo de cocción: 10 minutos

Ingredientes:

2 tazas de restos de pato asado

¼ de taza de cebollas verdes picadas

2 cucharadas de salsa hoisin

1 taza de harina

3 cucharadas de mantequilla

2 cucharadas de agua

1 huevo

Instrucciones:

Precalentar la freidora de aire a 300°F/150°C.

Mezclar el pato asado, las cebollas verdes y la salsa hoisin y colocar en la bandeja de la freidora de aire.

Mezclar la harina, la mantequilla, el agua y amasar hasta que se forme una masa.

Extiende la masa hasta que sea lo suficientemente grande como para cubrir la bandeja de la freidora.

Pon los bordes en el borde del molde para freír.

Bate el huevo y pinta la masa de la tarta.

Coloca el molde en la cesta de la freidora y programa el temporizador para 10 minutos.

Sirve y disfruta.

Pastel de Pollo y Salchicha

Porciones: 2

Tiempo de preparación: 10 minutos

Tiempo de cocción: 14 minutos

Ingredientes:

¾ de taza de pechuga de pollo cocida, desmenuzada

1 salchicha de ternera, cortada en rodajas

½ taza de patatas, cortadas en dados

¼ de taza de guisantes verdes

¼ de taza de zanahorias, cortadas en dados

½ cucharadita de pimentón

½ cucharadita de ajo en polvo

½ cucharadita de cebolla en polvo

Sal y pimienta, al gusto

1 masa de tarta de hojaldre

1 huevo

Instrucciones:

Precalentar la Freidora a 300°F/150°C.

Coloca el pollo desmenuzado, las salchichas de ternera en rodajas, las patatas, los guisantes y las zanahorias en la bandeja de la freidora de aire.

Sazona con el pimentón, el ajo en polvo, la cebolla en polvo, la sal y la pimienta.

Coloca la bandeja en la freidora y programa el temporizador para 4 minutos.

Retira de la freidora y deja que se enfríe.

Extienda la masa para que sea lo suficientemente grande como para cubrir la bandeja de la freidora.

Sella los bordes para que se apoyen en el borde de la sartén.

Bate el huevo y pinta la masa de la tarta.

Vuelve a ponerlo en la freidora y programa el temporizador para 10 minutos.

Sirve y disfruta.

Tarta de uvas

Tiempo de preparación: 10 minutos

Tiempo de cocción 30 minutos

Porciones: 8

Ingredientes:

2 huevos batidos

¾ de taza de azúcar

½ taza de crema de leche

¼ taza de harina de almendra

1 taza de uvas, cortadas por la mitad

2 cucharadas de mantequilla derretida

1 cucharadita de polvo para hornear

Instrucciones:

En un bol, combina los huevos con las uvas, la crema y los demás ingredientes, bate y vierte en un molde para tartas.

Poner el molde en la freidora de aire, cocinar a 370 grados F durante 30 minutos, cortar en rodajas y servir caliente.

Nutrición: calorías 212, grasa 15, fibra 2, carbohidratos 6, proteínas 4

Pastel de pavo

Tiempo de preparación: 10 minutos

Tiempo de cocción: 20 minutos

Porciones: 4

Ingredientes:

1 libra de pechuga de pavo, deshuesada, sin piel y cortada en cubos

1 cebolla roja picada

2 tomates, cortados en cubos

1 taza de champiñones picados

1 cucharadita de vinagre balsámico

Sal y pimienta negra al gusto

1 cucharadita de cilantro picado

1 cucharadita de cebolla en polvo

½ cucharadita de ajo en polvo

1 cucharada de harina blanca

1 cucharada de leche de almendras

2 hojas de hojaldre

2 cucharadas de aceite de aguacate

Instrucciones:

Calienta una sartén con la mitad del aceite a fuego medio, agrega la carne, la cebolla, los champiñones y los demás ingredientes excepto el hojaldre, revuelve, cocina por 5 minutos y retira del fuego.

Coloca una hoja de hojaldre en el fondo de tu sartén freidora, añada la mezcla de pavo, cubre con la otra hoja de hojaldre, pinta con el aceite restante, coloca la sartén en la freidora, cocina a 370 grados F durante 15 minutos, corta en rodajas y sirve para el almuerzo.

Nutrición: calorías 172, grasa 3,9, fibra 2,6, carbohidratos 13,1, proteínas 21,3

Tarta de espinacas y queso

Tiempo de preparación: 30 minutos

Porciones: 4

Ingredientes:

1 taza de espinacas picadas congeladas, escurridas

¼ de taza de crema batida.

1 taza de queso Cheddar afilado rallado.

¼ de taza de cebolla amarilla picada

6 huevos grandes.

Instrucciones:

Toma un tazón mediano, bate los huevos y agrega la crema. Agrega el resto de los ingredientes al tazón.

Vierte en una bandeja redonda de 6 pulgadas para hornear. Coloca en la cesta de la freidora. Ajusta la temperatura a 320 grados F y programa el temporizador para 20 minutos.

Los huevos estarán firmes y ligeramente dorados cuando estén cocidos. Sirve inmediatamente.

Nutrición: Calorías: 288; Proteínas: 18.0g; Fibra: 1.3g; Grasa: 20.0g; Carbohidratos: 3.9g

Tarta de limon y coco

Tiempo de preparación: 45 minutos

Porciones: 8

Ingredientes:

4 oz. de coco, rallado

2 huevos, batidos

¼ de taza de harina de coco

¾ de taza de swerve

2 cucharadas de mantequilla derretida

1 cucharadita de ralladura de limón

1 cucharadita de polvo de hornear

1 cucharadita de extracto de vainilla

½ cucharadita de extracto de limón

Spray para cocinar

Instrucciones:

En un bol, combina todos los ingredientes excepto el spray para cocinar y remueve bien.

Engrasa un molde para tartas que se ajuste a la freidora con el spray de cocina

Vierte la mezcla, pon el molde en la freidora y cocina a 360°F por 35 minutos. Rebana y sirve caliente.

Nutrición: Calorías: 212; Grasa: 15g; Fibra: 2g; Carbohidratos: 6g; Proteína: 4g

Lightning Source UK Ltd.
Milton Keynes UK
UKHW020718270521
384465UK00005B/192